De puerta en puerta

Autumn Leigh

Traducción al español: Lissette Iluminada González

Rosen Classroom Books & Materials™
New York

Yo soy la cartera.

Tengo una carta para el Señor Perro.

Tengo una carta para la Señora Pájara.

Tengo una carta para la Señorita Ardilla.

Tengo una carta para el Señor Hormiga.

Tengo una carta para la familia Abeja.